MINIATURES

Authentiques de HALL, SAINT et Autres,

TERRES CUITES DE CLODION

TABLEAUX

De BOUCHER, CHARDIN, CHARLET, etc.,

DESSINS

De BOISSIEU, BOUCHER, GÉRICAULT, GREUZE, PRUDHON, WATTEAU & Autres

Provenant du Cabinet de M. W... [al ferulen]

VENTE

Le Vendredi 18 Mai 1860

EXPOSITIONS

Particulière, le Mercredi 16 Mai 1860 ;
Publique, le Jeudi 17 Mai 1860, jour de l'Ascension.

Mᵉ DELBERGUE-CORMONT	M. VIGNÈRES
COMMISSAIRE-PRISEUR	Mᵈ D'ESTAMPES
Rue de Provence, n° 8.	Rue Baillet, n° 1.

1860

RENOU ET MAULDE, IMPRIMEURS DE LA COMPAGNIE DES COMMISSAIRES-PRISEURS
144, rue de Rivoli.

CATALOGUE
DE
MINIATURES
Authentiques de HALL, SAINT et Autres,

TERRES CUITES DE CLODION

TABLEAUX
De BOUCHER, CHARDIN, CHARLET, etc.,

DESSINS
De BOISSIEU, GÉRICAULT, GREUZE, PRUD'HON, WATTEAU et Autres,

Provenant du Cabinet de M. W...

DONT LA VENTE AUX ENCHÈRES PUBLIQUES AURA LIEU

HOTEL DES COMMISSAIRES-PRISEURS
RUE DROUOT, 5, SALLE N° 3

Le Vendredi 18 Mai 1860, à une heure,

Par le ministère de M° **DELBERGUE-CORMONT**, Commissaire-Priseur,
rue de Provence, 8,
Assisté de M. **VIGNÈRES**, Marchand d'Estampes,
rue de la Monnaie, 13, à l'entresol, entrée rue Baillet, 1,
Chez lequel se distribue le présent Catalogue.

EXPOSITIONS { Particulière, le Mercredi 16 Mai 1860 ;
Publique, le Jeudi 17 Mai, Jour de l'Ascension,
De 1 heure à 4 heures.

PARIS
RENOU ET MAULDE,
IMPRIMEURS DE LA COMPAGNIE DES COMMISSAIRES-PRISEURS
Rue de Rivoli, 144.

1860

ORDRE DE LA VACATION

On commencera par les Dessins n° 29 ;
   Les Miniatures ;
   Terres cuites ;
   Tableaux.

L'ordre du Catalogue sera suivi.

L'amateur nous a aidé de ses conseils et de ses souvenirs pour la rédaction de ce Catalogue.

CONDITIONS DE LA VENTE

Au comptant.

Cinq pour cent en plus des enchères applicables aux frais.

M. VIGNÈRES, faisant la vente, se charge des commissions.

Nota. Toute commission sans prix fixé ou sans limite déterminée sera regardée comme nulle.

M. Vignères se charge de faire marquer les prix aux Catalogues des ventes qu'il a faites. Les personnes qui le désirent peuvent s'adresser à lui *franco*.

MINIATURES

DE LA CHAUSSÉE (Jean-François).

De l'Académie de Saint-Luc, peintre en miniature de la famille d'Orléans.

1 — Portrait de Mlle Adélaïde enfant.

    Charmante petite figure, coiffée d'un bonnet du temps à rubans.
                                Vente Saint.

DUMONT (François).

2 — Portrait de La Harpe.
                                  Vente Saint.

HALL.

(Le Musée ne possède qu'un seul portrait de ce maître.)

3 — Portrait de Gustave III, roi de Suède.

    Exposé au salon de 1785, n° 138, page 34 du livret du Musée.
                                Vente Saint.

Saint regardait ce beau portrait comme étant, de toutes les miniatures de Hall, celle où les vêtements étaient traités avec le plus de perfection; c'est à l'occasion de ce chef-d'œuvre qu'il disait : « *Hall est notre maître à tous.* »

HALL.

150

4 — Un des jeunes princes dont parle Diderot dans le Salon de 1769.

Vente Saint.

Les amis de *Saint* se rappellent que cet habile miniaturiste consultait habituellement ce portrait lorsqu'il avait à peindre des enfants.

HALL.

196

5. — Portrait de Bailly (?)

Vente Saint.

HALL.

100

6 — Portrait de jeune femme.

Vente Saint.

HALL.

260

7 — Portrait de Mlle Colombe, de la Comédie-Italienne.

Vente Saint.

LE BARBIER.

215

8 — Portrait de François Boucher, peintre.

Email d'une très-belle exécution.

OLAGNAN, 1775.

86

9 — Portrait de femme, cheveux poudrés.

SAINT.

(Le Musée ne possède de ce maître que deux portraits d'homme.)

300

10 — Portrait en buste d'une jeune femme, avec des fleurs dans les cheveux. (Exposition de 1824.)

C'est une des plus belles productions de cet artiste.

VINCENT, de Genève.

20

11 — Portrait de Mlle de Lespinasse (?)

Vente de La Mésangère.

TERRES CUITES

CLODION.

12 — Bacchus et Ariane. Charmant groupe de trois figures.   210   V.
Terre cuite.

CLODION.

13 — La Bascule. Bas-relief, carré, encadré.   226
Charmante terre cuite.

HOUDON.

14 — Projet de monument à J.-J. Rousseau.   31
Plâtre ; exemplaire unique.

Buste Diderot réduction d'Houdon Galvanoplastie   22

TABLEAUX

BOILLY (Louis).

15 — Vieille femme. Très-beau portrait.   24
Encadré.

BOUCHER.

16 — La Fontaine de Vérité et d'Amour.   38
Gracieux tableau sur bois, encadré.

BOUCHER.

17. — Le Cœur enflammé : Nymphe couronnant un cœur que l'Amour enflamme sur un autel.
Tableau sur toile, encadré.

CHARDIN (J.-B.-S.).

» Cet homme est le premier coloriste du Salon et peut-être un des premiers coloristes de la peinture, disait Diderot dans son Salon de 1765. »

18 — Sucrier, théière et tasse en porcelaine sur une table de marbre. Chef-d'œuvre de relief et d'effet.
Sur toile, encadré.

CHARDIN.

19 — Jeune homme dessinant d'après la bosse.
Tableau sur toile, encadré.

CHARDIN.

20 — Tête de vieille femme. Figure du plus étonnant relief.
Sur toile, encadré.

CHARLET.

21 — L'Hospitalité : scène de 1814.
Sur toile, encadré.

CHARLET.

22 — Le Porte-Drapeau de la République. Cette figure, remarquable de caractère, est l'expression la plus complète du talent de Charlet.
Sur toile, encadré.

CHARLET.

23 — Bonaparte dans la plaine de Brienne. Cheval d'un bel effet.
Sur toile, encadré.

CHARLET.

24 — La première blessure du Conscrit.
Tableau sur toile.

DESHAYES.

25. — Gracieuse jeune femme dormant. — A été gravé par Emery, sous le titre de la Fidélité surveillante   90

Sur toile.

DUGHET (Gaspard), dit Guaspre Poussin.   41

26. — Paysage avec ruines.

Sur toile, encadré.   23

Gericault porte drapeau sur bois

MAYER (Mlle).

27. — Portrait de Mlle Coudray.   41

Encadré.

ROUILLARD.

28. — Portrait du duc d'Orléans, d'ap. Reynolds   5

Belle copie à l'huile sur toile.

l'arme attribuée à Prudhon   36

DESSINS

AUBRY.

29. — La Visite à la nourrice. Charmant dessin de sept figures, lavé au bistre.   41

A été gravé.

BERNINI (Lorenzo).

30. — Santa Francesca in Campo Vaccino. Figure couchée, à la sanguine.   14

BOILLY (Louis).

31 — Les Tondeurs de chiens. Très-beau dessin de trois figures, crayon noir estompé, rehaussé de blanc.
Sous verre.

BOISSIEU (J.-J. de), 1768.

32 — Cinq paysans boivent et causent assis et debout près d'un arbre; au fond, la porte de la maison. Une vieille dort près d'une mère et son enfant.
Un des plus beaux dessins de ce maître, lavé au bistre, encadré.

BOISSIEU.

33 — Temple de la Sibylle, à Tivoli. Beau dessin lavé à l'encre de Chine.
Encadré.   Vente Saint.

BONINGTON.

34 — Le Respect : portrait d'Alphonse d'Avalos et figures allégoriques. Aquarelle-miniature, d'après le tableau du Titien au Musée du Louvre.
Encadré.

BONINGTON.

35 — Vue d'une plage. Sépia; signé.
Sous verre.

BOUCHER (François).

36 — Femme nue, couchée avec guirlande de roses, aux crayons de couleur. Dessin du plus bel effet.
Cadre du temps.

BOUCHER.

37 — Étude de main tenant une boîte de bijoux; au-dessus, étude de nœud de rubans. Crayons noir et rouge.

BOUCHER.

— 38 — Buste de Diane. Profil aux trois crayons. 23

BOUCHER.

— 39 — Allégorie pour le Dauphin : nombre d'Amours voltigeant supportent des médaillons dans les airs Très-beau dessin à la plume, lavé de bistre et sanguine. 182

BOUCHER.

— 40 — La Famille du berger en marche. Charmant dessin à la plume, lavé de sanguine. 41

A été gravé.

BOUCHER.

— 41 — Étude académique d'homme assis; études de tête, mains et bras. Sanguine, rehaussé de blanc. 10

CALLOT (Jacques).

— 42 — Différentes études de soldats, chiens, etc., à la plume. 11

CALLOT.

— 43 — Château avec tour et pont, cavaliers et cantine en avant. A la plume. 32

CALLOT.

— 44 — Vue d'une ville, précédée d'un vignoble; deux chasseurs en avant. A la plume. 21

Collection Du Pan de Genève.

— 44 Bis. *Combat de soldats pillards grand dessin* 27

CANOVA.

— 45 — Figures drapées, à la plume et pierre d'Italie. Deux dessins. 5

Collection Du Pan.

CANOVA.

46 — Apollon remettant un enfant au Centaure. Pierre d'Italie. — Amour voltigeant et mascaron à oreilles d'âne. Crayons noir et blanc estompés, très-terminés. Deux dessins.
Collection Du Pan.

CARESME.

47 — Vénus s'appuyant sur un lit, et quatre Amours. Charmante aquarelle, remarquable de jet.

CASANOVA.

48 — Cavalier donnant des coups de sabre. Étude très-ferme, à l'encre.
Collection Du Pan.

CASTELLA (Femme Moitte).

49 — Portrait de M. Moitte, assis à table et lisant, coiffé d'un chapeau. A la plume, très-terminé.

CHARDIN (J.-B.-S.).

50 — Tête d'enfant. Charmant dessin aux trois crayons.
Encadré.

CHARLET.

51 — Napoléon, Louis XVIII et diverses études de têtes. Onze figures à la plume.
Sous verre.

CHARLET.

52 — Portrait de Mme Charlet en pied. Au crayon.
Sous verre.

DESHAYES.

— 53 — Tête de profil de jeune fille, les cheveux pendants. Aux trois crayons et pastel.

DUCREUX.

54 — Portrait de Mlle Maillard de l'Académie royale de musique, à mi-corps; presque nature, coiffure poudrée, manteau de velours bleu garni d'hermine.

72

Très-beau pastel, cadre du temps.

DUPLESSIS-BERTAULT.

55 — Jeune paysan, le paquet sous le bras, pose comique, désigne une chaise; au fond affiche, almanach 1760. Dessin très-savant, à la plume.

11

ÉCOLE FRANÇAISE.

56 — Princesse, assise sur un canapé, faisant peindre son portrait par une dame. Jolie composition de six figures dans un parc immense. Grand dessin sanguine, dans le sentiment de Watteau. Au revers, très-belle académie d'homme vu de dos. Crayons noir et blanc.

15

ÉCOLE FRANÇAISE.

57 — Bacchanale de Nymphes et enfant : offrande au dieu Pan. Dessin au bistre très-vite et vigoureux; magnifique effet de soleil.

11

ÉCOLE FRANÇAISE.

58 — Louis XV en pied, manteau royal, près du trône. Lavé à l'encre et jaune pour les ornements.

ÉCOLE FRANÇAISE.

59 — Portrait de Mme du Chatelet, assise près d'une sphère. Pastel.

21

Et cadré.

GÉRICAULT.

75

60. — Domestique apportant un chevreuil et autres provisions, à cheval au trot. Crayon de mine de plomb; le cheval est teinté d'encre de Chine relevée de sépia colorée. Autre petit croquis en haut. Au revers, croquis, cheval de trait.

Dessin fait en Angleterre.

GÉRICAULT.

50

61. — Une revue au Champ de Mars pendant les Cent Jours Dessin lavé à l'encre de Chine, du plus remarquable effet.

Sous verre.

GÉRICAULT.

23

62 — Marine à l'encre de Chine.

Sous verre.

GÉRICAULT.

110

63. — Chevaux en promenade avec leurs couvertures. Croquis d'écuyers. Aquarelle et crayon.

Exécuté en Angleterre; sous verre.

GÉRICAULT.

129

64 — Groupe de lanciers à cheval, au repos. Aquarelle. — Au revers, étude de lanciers. Aquarelle.

Sous verre, double face.

GÉRICAULT.

65 — Palefrenier bouchonnant un cheval. Aquarelle.

Exécuté en Angleterre; sous verre.

GÉRICAULT.

550

66 — La Méduse : pensée arrêtée, avec les carreaux pour l'exécution de son tableau. Grand dessin à la plume; quatorze figures. Largeur, 60 centimètres sur 45 de haut.

Très-beau dessin encadré.

GÉRICAULT.

67 — Attelage de trois chevaux conduits par un paysan russe. Dessin vigoureux.   75

Encadré.

GÉRICAULT.

68 — Ecuyer Louis XV tenant par la bride un cheval harnaché. Crayon noir rehaussé de blanc.   80

69 — Cheval arabe tenu en bride, avec harnais d'apparat et armes de guerre. Crayon noir rehaussé de blanc.   60

70 — Cheval arabe tenu en bride, avec harnais d'apparat et masse d'armes. Crayon noir rehaussé de blanc.   100

71 — Cheval arabe tenu en bride par un musulman, très-richement harnaché.   50

Ces quatre superbes dessins ont chacun 56 centimètres de large sur 43 de haut. Encadrés.

GOIS.

72 — Vieillard et deux femmes assistant un mourant qui est attiré au ciel. Apparition d'une jeune femme et d'un enfant dans les nuages. Beau dessin lavé à l'encre.   8

GRANDVILLE (J.-J.).

73 — Le Cuisinier. Vu de dos, entouré des marmites et d'autres objets à son service. Beau dessin politique à la plume; a été lithog. dans le journal la *Caricature*.   40

GRANDVILLE.

74 — L'Aveugle de Bagnolet.
  « Même quand la vendange est belle,
  Le pauvre ne vendange pas. »   (BÉRANGER.)
Charmant dessin à la plume sous verre.

GRANET.

75 — Intérieur de sacristie.
Sépia signée sous verre.

GREUZE (Jean-Baptiste).

76 — La Réconciliation, grande et belle composition de six figures, lavée à l'encre de Chine et du plus bel effet, *non gravée*.
Cadre et monture du temps.

GREUZE.

77 — Le Testament déchiré, sujet bien connu par la gravure de Ch. Levasseur, à l'encre de Chine rehaussée de bleu.
Ce dessin, exécuté sous l'inspiration de Diderot, est aussi *mouvementé* qu'un dessin de Fragonard. Cadre, inscriptions et monture du temps.

GREUZE.

78 — Marche triomphale de Silène, entouré de Satyres, Nymphes, Bacchantes nues, qui dansent à l'entrée d'un fourré d'arbres. Grand et beau dessin lavé à l'encre d'un magnifique effet.
Greuze paraît s'être inspiré de Gillot pour cette composition.

GREUZE.

79 — Son portrait par lui-même, en 1764.
Très-beau pastel encadré.

GREUZE.

80 — Etude de bras et main de femme ; très belle. Sanguine.

GREUZE.

81 — Tête d'étude d'homme, grandeur naturelle. Sanguine. — 5

GREUZE.

82 — Tête d'étude : jeune fille criant, effrayée. Sanguine, grandeur naturelle. — 5

GREUZE.

83 — Tête d'étude : jeune fille de profil, les yeux baissés. Sanguine, grandeur naturelle.

GREUZE.

84 — Tête de jeune fille, grandeur naturelle, crayons noir et rouge estompés. Ce très-beau dessin, signé J.-B. Greuze, 1773, a été fait pour le chevalier de Damery, son ami intime. — 25

GREUZE.

85 — Etude en pied drapée de la mère, pour le tableau du Fils puni. Sanguine. — 5

GREUZE.

86 — Etude en pied du Fils puni, pour le même tableau. Sanguine. — 7

GREUZE.

87 — Etude académique de jeune fille entièrement nue; pose pour un de ses tableaux (la *Dame bienfaisante*). Sanguine très-belle. — 10

GREUZE.

88 — L'Amour vainqueur de l'univers (pour une statue), il foule aux pieds un aigle. Grand dessin, croquis mine de plomb *signé*, relevé d'encre de Chine. — 8

GREUZE.

80 — Esquisse lavée à l'encre : tête d'homme regardant au ciel.

HALLÉ (Noël).

90 — Janvier, février, novembre, décembre. Quatre dessins. Allégories à la mine de plomb, jolies compositions, formes d'écrans, montés deux à deux.

Pourra être divisé.

HUET (J.-B.), 1792.

91 — Jeune veau ; étude terminée. Crayon et bistre rehaussé de blanc.

HUET père.

92 — Têtes de taureaux. Crayon et bistre.

HUET fils.

(Dessinateur du Jardin des Plantes.)

93 — Buffle. — Variété du zébu. Deux aquarelles très-terminées.

HUET fils.

94 — Ours blanc. — Hyène.

Deux aquarelles sous verre.

ISABEY (Eugène).

95 — Vaisseau échoué, frappé de la foudre. Aux crayons de couleur, grand effet.

ISABEY (Eugène).

96 — Petite porte d'église richement sculptée (Normandie). Crayons de couleur.

LA TOUR (De).

97 — Portrait : buste de M...., grandeur naturelle, trois quarts perdu.

Pastel sous verre.

LA TOUR (De).

98 — Portrait de Watelet, de l'Académie, grand buste, grandeur naturelle, vêtements de soie chatoyants. Superbe pastel, encadré.   *355*

LE MOINE.

99 — L'Amour voltigeant. Croquis sanguine.   *0*

LÉPICIÉ.

100 — Etude académique d'homme, vu de dos. Crayons noir et blanc sur papier bleu, *signé*.   *0*

LÉPICIÉ.

101 — Etude d'homme, vu de dos jusqu'aux genoux. Crayons noir et blanc, papier brun, *signé*.   *5*

LÉPICIÉ.

102 — Jeune homme en pied, assis de profil et donnant une poignée de main. Crayons noir et blanc sur papier brun, *signé*.   *6*

LE PRINCE.

103 — Femme orientale prenant son café; deux servantes préparent un breuvage sur le feu. Belle aquarelle.   *33*

MACRET (C.).

104 — Portrait de Voltaire, profil d'après la bosse, grandeur naturelle. Superbe sanguine.   *8*

MOREAU (Louis).

105 — Entrée d'un parc avec deux vases Médicis. Charmante petite gouache, ovale, en hauteur.   *38*

PAGNEST.

106 — Portrait de M. le comte de Saint-C..., en officier de hussard.

Remarquable dessin au crayon, encadré. Vente Saint.

PERIGNON (N.), 1774.

107 — Vue d'une côte, avec barques, fabriques ruinées, animaux, quatre figures et lointain.

Aquarelle argentine d'une grande suavité, encadrée.

PIAZETTA.

108 — Tête de jeune paysan, avec main. Crayon noir et blanc ; grandeur presque nature. Bel effet d'expression.

PRUDHON.

109 — La Vierge, buste. Crayon noir rehaussé de blanc sur papier bleu. Ravissante esquisse.

Encadré.

PRUDHON.

110 — La Mère heureuse, tête superbe. Dessin terminé, de la plus grande pureté ; crayon noir rehaussé de blanc sur papier bleu.

Encadré.

PRUDHON.

111 — Deux têtes d'études et un autre dessin, papier bleu. Crayons noir et blanc.

Dans le même cadre.

PRUDHON.

111 bis — La palette de Prud'hon se voit d'un côté avec ses pinceaux et son appuie-main ; de l'autre sa boîte à couleurs ouverte ; au centre son chevalet, supportant l'esquisse d'un tableau. Joli dessin au crayon noir rehaussé de blanc sur papier bleu.

Encadré.

PRUDHON.

112 — Tête de face de Napoléon Ier, crayon noir. Exécuté pour l'ameublement du roi de Rome.   100

Encadré. Répétition du dessin du cabinet de M. Eudoxe Marcille.

PRUDHON.

113 — L'Entrevue des trois Empereurs, paysage d'une immense étendue; superbe effet d'hiver. Crayon noir rehaussé de blanc sur papier bleu. Sujet historique d'un grand intérêt. 50 centimètres de largeur sur 35.   120

Encadré.

PRUDHON.

114 — Etude académique de femme morte, nue et renversée : première pensée pour son tableau de la Justice divine. Crayons noir et blanc sur papier bleu. Terminé.   42

REDOUTÉ.

115 — Deux fleurs. Aquarelles. Deux cadres.   5

RESTOUT.

116 — Saint André et saint Jean. Crayons noir et blanc.   0

ROBERT (Hubert), 1770.

117 — Jeunes filles et enfants venant chercher de l'eau à un puits dont la poulie est supportée par deux colonnes antiques; statues et autres ruines. Aquarelle très-habilement faite.   3/4

ROUILLARD.

118 — Portrait du maréchal Suchet, d'après H. Vernet. Aquarelle très-terminée.   5

Sous verre.

TAILLASSON.

119 — Deux Nymphes se sauvant, expression d'effroi. Crayon noir.

VANLOO (Carle).

120 — Portrait de Marie Leczinska, pastel grandeur naturelle. Tête pour son grand tableau, frappant de ressemblance.
Encadré.

VANLOO (C.)

121 — Vierge découvrant l'Enfant Jésus qui dort. A la pierre d'Italie.

Van SPAENDONCK.

122 — Couronne impériale, belle fleur au crayon noir. Très-terminée.

Van SPAENDONCK.

123 — Rose trémière. Sanguine.
Encadré.

Van SPAENDONCK.

124 — Rose et ses boutons. Sanguine.
Encadré.

VERNET (Joseph)?

125 — Grand vaisseau désemparé que l'on radoube; au fond gondoles et chaloupes. A la plume lavé d'encre.

WATTEAU (Antoine).

126 — Buste d'homme, avec main. Mine de plomb et sanguine. Dessin d'un bel effet de couleur.

WATTEAU.

127 — Deux bustes de dames, dos et profil. Crayon noir et sanguine. — 35

WATTEAU.

128 — Jeune amoureux assis, penché. Crayon, mine de plomb et sanguine. Largement touché. — 39

WATTEAU.

129 — Croquis de deux dames assises, en buste. Aux trois crayons. Dessin très-gracieux. — 25

WATTEAU.

130 — Jeune dame debout, vue de dos et retournant la tête. Sanguine. — 10

WATTEAU.

131 — Dame en pied, vue de dos et retournant la tête. Charmant dessin aux trois crayons. — 57
Encadré.

WATTEAU.

132 — Foire de Bezons : cavaliers, voitures et nombre de figures. Dessin capital à la sanguine. — 52

WATTEAU.

133 — Le Remouleur gagne-petit. Sanguine et pierre d'Italie. Très-beau dessin. — 44

WATTEAU.

134 — Trois têtes et buste de jeunes femmes. Sanguine. — 18

WATTEAU.

135 — Jeune femme assise, couchée sur un tertre. Charmante sanguine. Costume coquet.

WILLE fils (P.-A.), 1783.

136 — Tête de gros enfant regardant en l'air. Sanguine. Grandeur nature.

1	La Chaussée	Mlle adélaïde d'Orléans	Coutures	1010	..
22	Charles	le poste des grands de la république	Coutures	1550	
67	Géricault	attelage	Cerisy s. Vendi	75	
91	Huet	Jeune Vache	Non Clos	25	
92	d°	tête de Vache	d° d°	23	
95	Isabey	Vaisseau	Denizy	5	
120	Vanloo	Marie Leczinska perdl	Cerisy s. Vendi	90	
				2,778	
				138	90
				2,916	90

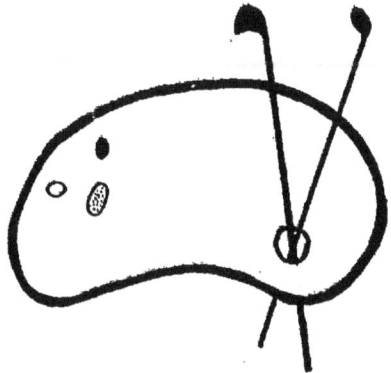

ORIGINAL EN COULEUR
NF Z 43-120-8

CARTE D'ENTRÉE

VENTE DE

MINIATURES, DESSINS

TABLEAUX & TERRES CUITES

Provenant du Cabinet de M. W.

EXPOSITION PARTICULIÈRE LE MERCREDI 16 MAI 1860
DE UNE HEURE A QUATRE HEURES

EXPOSITION PUBLIQUE LE JEUDI 17 MAI, JOUR DE L'ASCENSION

Vente le Vendredi 18 Mai 1860, Salle n° 3.

M⁰ DELBERGUE-CORMONT, Commissaire-Priseur. — M. VIGNÈRES, Expert.

www.ingramcontent.com/pod-product-compliance
Lightning Source LLC
Chambersburg PA
CBHW060622050426
42451CB00012B/2388